Isild Le Besco

Frères

Illustré par Krassinsky

l'école des loisirs
11, rue de Sèvres, Paris 6e

Loi n° 49.956 du 16 juillet 1949 sur les publications destinées à la jeunesse : décembre 2020
Dépôt légal : décembre 2020
Imprimé en France par Aubin Imprimeur à Ligugé

ISBN 978-2-211-23995-0

Pour mes fils, Ulysse et Solon

1
Six frères

Six frères, Hamza, Danis, Sanjin, Solon, Nedim, et Ulysse vivaient à Sian, un village d'un pays lointain. Celui-ci était protégé par un oiseau bleu qui leur assurait la paix et l'harmonie. Grâce à lui et à la lumière bienfaisante qu'il dégageait, grâce à sa douceur et à sa bonté, tous les enfants étaient heureux et en bonne santé, ils passaient leur temps à jouer et à rire. Sian était le pays de la joie, de l'amitié et de la liberté.

Hamza était le plus grand des six frères et veillait sur ses cadets. Ensemble, ils formaient une belle fratrie, six garçons qui ne pensaient qu'à jouer, à rire et à être heureux.

Jusqu'au jour où un drame brisa leur bonheur.

Leur père était bûcheron. Il était mort quelques années auparavant et leur mère les élevait désormais seule dans leur petite ferme. C'était une femme simple, aimante et douce.

Avant de mourir, leur père avait taillé pour chacun d'eux une flûte en bois. Les six frères adoraient ce merveilleux cadeau, un instrument précieux dont ils aimaient beaucoup jouer. Chacune des flûtes avait un son différent, immédiatement reconnaissable. Dès qu'ils commençaient à en jouer, autour d'eux le monde changeait. Les couleurs, les odeurs, tout s'intensifiait et ils riaient encore plus.

L'insouciance qui régnait dans leur modeste royaume était si grande que leur mère commençait à en avoir assez. Car c'est sur elle seule

que reposait toutes les tâches domestiques, un dur labeur, car il y avait beaucoup à faire : préparer les repas, tenir la maison, recoudre les vêtements de ses fils et les laver. Ça n'en finissait jamais.

Lorsqu'elle leur demandait de l'aide, ils faisaient la sourde oreille et n'avaient manifestement aucune intention d'agir pour alléger son fardeau, préférant aller par monts et par vaux, s'amuser et découvrir le monde qui les entourait.

Leur mère leur répétait qu'ils ne devaient pas s'aventurer trop loin dans les bois, car une bête s'y cachait. Une bête effrayante, à n'en pas douter, même si personne ne savait à quoi elle ressemblait, ni même si elle était gentille ou méchante.

D'après une célèbre légende, elle avait le pouvoir de faire disparaître n'importe quelle mère du monde.

2
Curieux

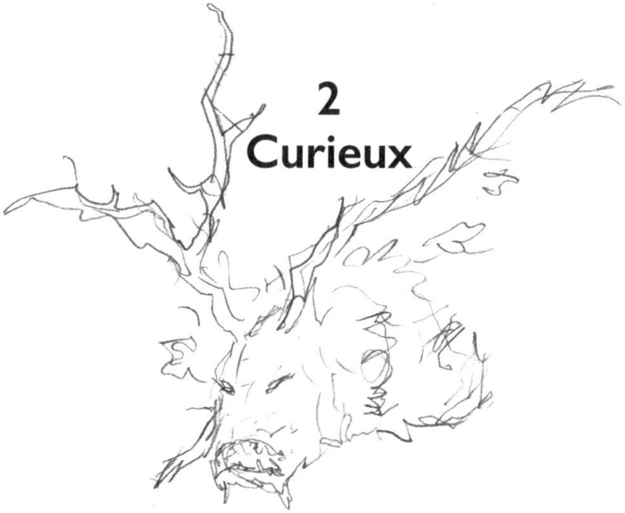

Les garçons étaient curieux. Un jour, ils décidèrent d'aller narguer la bête et se mirent en route pour essayer de trouver où elle se cachait. Ils marchèrent longtemps dans la forêt et, tandis qu'ils avançaient sur un chemin, ils entendirent un grondement sourd. C'était elle. La bête.

Elle grondait, certes, mais les six garçons continuèrent pourtant sans crainte. La bête, une chose poilue et informe, se tenait à quelques mètres d'eux.

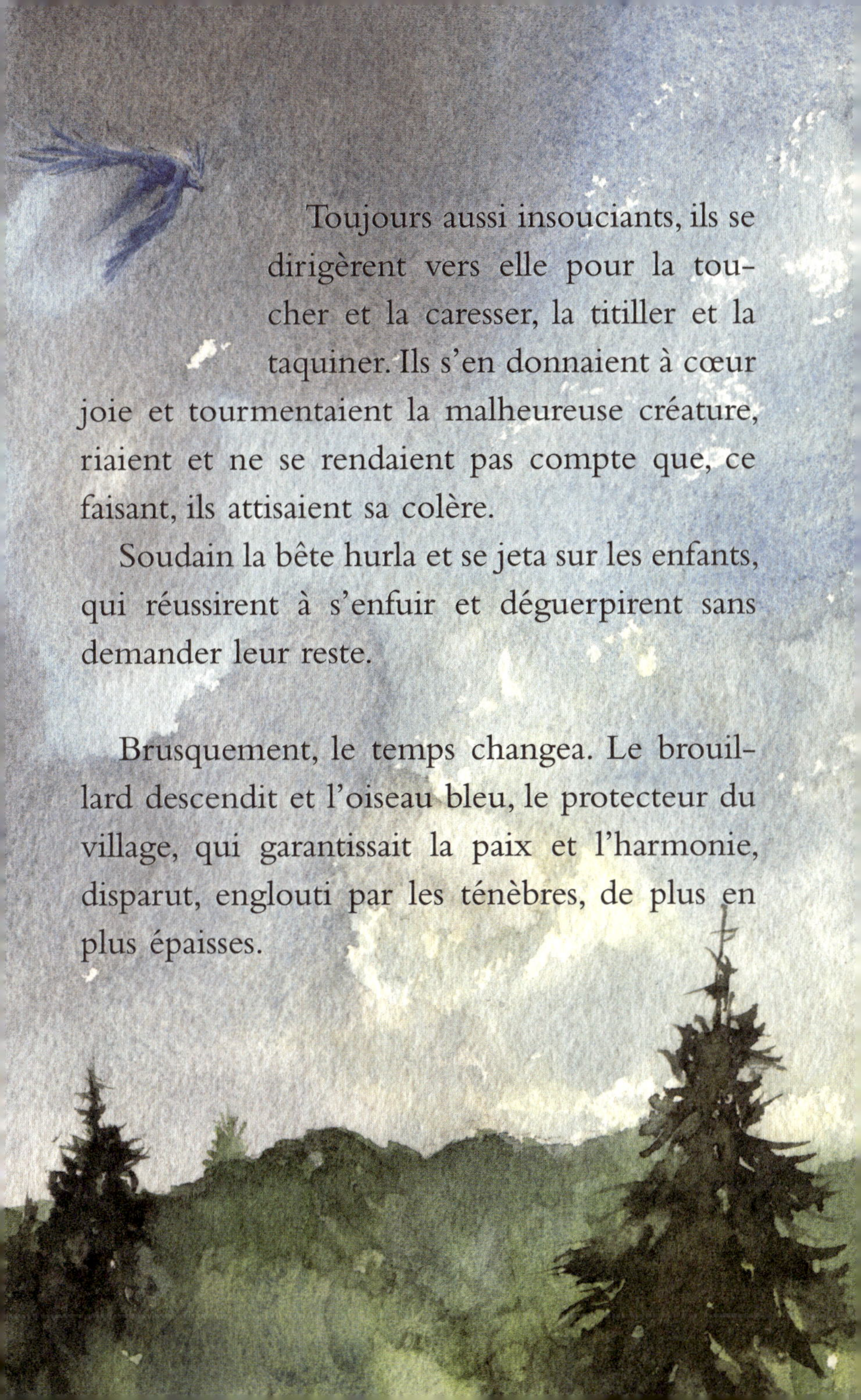

Toujours aussi insouciants, ils se dirigèrent vers elle pour la toucher et la caresser, la titiller et la taquiner. Ils s'en donnaient à cœur joie et tourmentaient la malheureuse créature, riaient et ne se rendaient pas compte que, ce faisant, ils attisaient sa colère.

Soudain la bête hurla et se jeta sur les enfants, qui réussirent à s'enfuir et déguerpirent sans demander leur reste.

Brusquement, le temps changea. Le brouillard descendit et l'oiseau bleu, le protecteur du village, qui garantissait la paix et l'harmonie, disparut, englouti par les ténèbres, de plus en plus épaisses.

Les enfants avaient froid et peur. Ils étaient désorientés et tétanisés, conscients d'avoir fâché la bête et d'avoir libéré son pouvoir. Ils craignaient que leur mère ne leur soit enlevée et s'en voulaient, mais il était trop tard pour avoir des regrets. Que faire ?

Les frères s'en retournèrent chez eux. La route était boueuse, le vent mauvais et l'air glacial.

À leur arrivée, ils trouvèrent la maison vide et silencieuse. Il n'y avait plus le moindre bruit : plus de mère, plus rien. Où pouvait-elle bien être ? Ils eurent encore plus peur et se blottirent les uns contre les autres.

3
Seuls

Le lendemain matin, une inconnue sans visage se présenta chez eux. Elle leur annonça que leur mère ne reviendrait pas, que personne ne viendrait à leur secours et qu'ils devaient sans tarder se mettre à la recherche de l'oiseau bleu. Lorsqu'ils l'auraient retrouvé, l'équilibre qu'ils avaient brisé serait rétabli.

Pour ce faire, ils devraient faire montre de courage et de détermination, être attentifs à tous les indices. Ils devraient écouter les êtres et les choses qu'ils rencontreraient sur leur chemin, les animaux, les cours d'eau, mais aussi l'air, la terre et ce qu'elle contenait. Tout pourrait les aider à progresser dans leur quête. Il fallait retrouver l'oiseau bleu et la magie de la vie qu'ils avaient perdue.

La nuit tomba.

Les enfants se serrèrent les uns contre les autres pour se réchauffer et se sentir en sécurité, mais tristes d'avoir bouleversé la vie paisible du village et conscients de leur responsabilité dans la disparition de leur mère. Ils savaient qu'ils étaient désormais seuls.

Ils finirent par s'endormir, permettant à la nuit d'adoucir leur mélancolie.

4
Hamza

Le lendemain, le soleil brillait de nouveau dans le ciel. Une nuit de repos avait quelque peu calmé leurs angoisses. Ils sentaient qu'ils n'avaient pas d'autre choix que d'affronter cette épreuve avec courage. Ils ne savaient que faire. Ils voulurent se consoler en jouant de la flûte, mais ils ne savaient pas où ils avaient rangé leurs instruments. En temps normal, ils auraient interrogé leur mère, mais ce n'était plus possible. Ils se sentirent fort découragés.

Quand vint l'heure du repas, ils mangèrent et tombèrent tous d'accord pour reconnaître que la nourriture n'avait plus le même goût : celui des plats que leur préparait leur mère, ces saveurs familières, avait lui aussi disparu.

Jour après jour, ils consommèrent la nourriture qu'elle avait mise de côté en prévision des jours et des nuits de grand froid, sans se préoccuper de l'hiver qui approchait. Imprudemment, ils vivaient au présent et ne pensaient pas à l'avenir. Car, après tout, ils n'étaient encore que des enfants.

Pour Hamza, cette nouvelle situation signifiait endosser de nouvelles responsabilités. Comment pouvait-il jouer son rôle d'aîné, alors qu'il était le plus solitaire de tous, celui qui avait le plus de mal à se lier à d'autres personnes et même à ses propres frères ?

La présence à la ferme de deux chiots, arrivés un beau jour de nulle part, le réconfortait. Les deux petits chiens et lui s'entendaient à merveille, comme s'ils se comprenaient d'instinct et partageaient le même langage.

Alors qu'il les tenait dans ses bras, l'un des deux petits chiots se mit à lui parler :

« Tu sais, Hamza, tu as en toi la grâce, une force d'union qui soude ton entourage. La graine qui doit germer en toi est celle de l'unité. Quand tu es là, les autres se sentent mieux. Ta présence est importante : pour moi comme pour tes frères. Je vais t'aider à devenir toi-même. Écoute et laisse-toi guider… »

Comme leur mère n'était plus là pour s'occuper d'eux, les garçons devaient assurer de nouvelles tâches, en particulier nourrir les animaux. Tandis qu'ils allaient voir les chèvres, Hamza parla à ses frères :

« Il faut que nous oublions notre vie d'avant ! Laissez-vous guider par l'instant présent et par ce qui vous entoure ! »

Les garçons écoutaient leur frère aîné. Puis ils se mirent à parler aux chèvres :

« Chèvre, viens ici. Nous t'offrons du foin en échange de la sagesse. Aide-nous à retrouver l'oiseau bleu pour qu'il fasse revenir notre mère à la maison. »

Les chèvres refusèrent de coopérer et de répondre à leur demande. Les enfants continuèrent tout de même à leur parler, mais les chèvres quittèrent les lieux sans leur adresser un seul regard, paraissant soucieuses de s'en aller au plus vite. Cependant, l'une d'entre elles répondit à un des enfants, Danis :

«Vous ne pouvez pas forcer les réponses. Tout vous sera révélé au moment opportun, ni avant ni après. Quand vous serez prêts à comprendre et à recevoir. Vous devez croire en cette aventure.»

5
Danis

Danis avait toujours eu peur de tout : de l'inconnu, du jour et de la nuit. Partout il avait peur, même d'une chose aussi simple qu'ouvrir ou fermer les yeux. La vie l'effrayait. À présent, sa plus grande crainte était de ne plus jamais revoir sa mère. Son angoisse était profonde.

Il se posait mille questions sur l'avenir et sur leur mère, tout lui était source d'inquiétude. Sa tête bourdonnait sous le poids de ces questions, pourtant il n'aspirait qu'à une chose : rire, se sentir léger et profiter des bons moments que la vie pouvait encore leur offrir.

Il était venu nourrir les poules et s'assit un instant. Pensif, il observait les œufs. Quel drôle de destin que le leur…

Soudain, il les entendit s'adresser à lui :

« Sais-tu que tu as failli mourir en venant au monde ? Depuis, sans t'en rendre compte, tu vis avec le souvenir de cette naissance que la mort a effleurée. La peur te ronge et t'empêche d'apprécier pleinement la vie. Tu dois trouver la joie, apprendre à aimer la vie et faire la paix avec ce passé. La confiance que tu trouveras te guidera vers ta mère. »

Danis resta songeur. Des vagues noires le submergeaient. Il décida d'emmener ses frères dans la forêt pour couper du bois, en espérant que son angoisse se calmerait.

Ils prirent un joli chemin qui menait à la forêt. Les arbres étaient si majestueux qu'on les aurait dits peints par un artiste, avec des branches fortes, un tronc solide, de belles pierres et des herbes pour les entourer. Ils n'y avaient jamais fait attention.

Cette courte promenade les émerveilla.

Les six frères sentaient qu'il leur fallait agir, faire, pour ne pas penser sans cesse à la disparition de leur mère et au vide que celle-ci laissait. Chacun imaginait la joie qu'ils lui auraient procurée si elle avait pu les voir.

Sanjin était d'une nature taciturne. Il aimait rester à la maison, à l'abri du monde extérieur, et ne savait guère exprimer ses sentiments. Il se disait qu'il aurait dû être triste, mais ressentait surtout un vide immense, une absence de sentiment qui le troublait.

Un jour où il se tenait seul à la porte du cellier, il entendit les pommes d'un cageot lui parler.

« Sanjin, tu as le don des sens. Ton odorat, ton goût et ton toucher ont besoin d'être stimulés. Tu dois ouvrir tes sens aux belles choses, aux couleurs, aux goûts. Nous t'encourageons à nous goûter, à déguster tous les fruits et les légumes que tu trouveras, à développer ton goût, à explorer les saveurs et ce que la vie t'offre. Va et sois inspiré.»

Sanjin examina le cageot de pommes. Il se sentait transformé. Il ne voyait plus la nourriture de la même façon et avait à présent un amour profond pour ce don de la nature. Il se promit que plus jamais il n'en gaspillerait et comprit que ses sens étaient une chance unique, qu'il allait pouvoir les utiliser dans le monde pour devenir plus fort, plus heureux.

Désormais, lorsqu'il croquerait une pomme, il l'entendrait.

Ils retournèrent tous ensemble dans la forêt pour ramasser du bois.

Cette excursion leur fit du bien. Puis ils allumèrent un grand feu. Médusés, ils s'assirent autour des flammes et les regardèrent. Le feu avait une intensité qu'ils n'avaient jamais vue. Ils restèrent assis là, espérant que l'un d'entre eux entende les flammes murmurer, leur indiquer quelle était leur prochaine étape. Enfin, ils comprirent que c'était ça, l'étape : faire preuve de patience, se réunir encore et attendre qu'un signe apparaisse.

En se pliant aux diverses corvées du quotidien, les frères continuaient à découvrir la vie. Avant, ils avaient vécu dans la plus parfaite insouciance, et maintenant les tâches ménagères qu'ils effectuaient chaque jour leur permettaient de mesurer ce que leur mère avait fait pour eux.

6
Solon

Un jour, après le repas, Solon, le plus jeune des frères, nettoyait les bols. Il aimait la sensation de l'eau qui coulait sur sa peau, c'était délicieux. Captivé par sa limpidité et sa pureté, il se mit à regarder le monde avec des yeux différents, en se demandant ce qui se passerait s'il avait un jour la possibilité de tout toucher. La première idée qui lui vint fut de se caresser la peau, et ce fut comme si tout en lui s'éveillait.

Comme il était le plus petit, il se souvenait des bains que leur donnait leur mère. Elle lui manquait terriblement. Il aurait voulu qu'elle le prenne dans ses bras.

Et Solon entendit l'eau lui dire :

« Chaque fois que tu te sentiras démuni ou perdu, viens à moi, touche-moi, écoute-moi, je te donnerai toujours les réponses dont tu auras besoin. Je te donnerai toujours de la douceur. Je laverai tes blessures et t'aiderai à reconquérir ta force. Là où il y aura de l'abattement, il y aura du courage, là où il y aura de l'obscurité, il y aura de la lumière, jusqu'au jour où, ensemble, vous aurez surmonté tous les obstacles sur votre route. Ce jour-là, vous aurez appris. »

Puis l'eau ajouta :

« Souviens-toi de la joie qui protège de la douleur. »

Nedim était le plus curieux des frères. Il affectionnait tout particulièrement les matières brutes. Nedim voulait faire quelque chose de ses mains, des mains qui devaient servir à transmettre la magie que son âme recelait. Mais il ne savait pas comment s'y prendre.

Des six garçons, Nedim était celui que la disparition de leur mère avait le plus affecté. Il souffrait. Sa présence, sa douceur, le regard qu'elle portait sur lui: tout lui manquait. Un jour, il se remémora une chanson que leur mère lui chantait tous les soirs pour qu'il s'endorme:

«Aie confiance, aie confiance, aie confiance, mon chéri.

Sur le chemin qui mène à l'oiseau bleu, la promenade te transformera.

Tu deviendras un homme,

et l'estime de toi grandira.»

Il avait entrepris de tailler un bout de bois. Quand il se sentait trop angoissé, il se mettait dans un coin près du feu et continuait à y travailler. Cela l'apaisait formidablement. Il ferait un joli cadeau à leur mère pour son retour, songeait-il.

Hamza, lui, s'isolait parfois. Mais son isolement ne durait jamais longtemps, car ses frères remarquaient bientôt son absence et venaient le chercher pour le ramener parmi eux. Il était l'aîné et ils avaient besoin de lui. Hamza se rendait compte qu'il aimait de plus en plus être avec ses frères. Tous ensemble.

7
Le chat

Ils aimaient se réunir autour du feu pour le repas. Ils ne savaient pas bien cuisiner, mais ils apprirent à se débrouiller. Des pommes, des noix, du fromage – même s'il n'était pas aussi bon que celui que faisait leur mère. Ils auraient dû être plus attentifs à ses recettes…

Heureusement, Hamza savait faire des omelettes. Quand leur mère serait de retour parmi eux, ils apprendraient à préparer de bonnes choses. Pour le moment, penser à elle, à sa douceur, les rendait bien tristes.

La tête ailleurs, Hamza cassait des noix à table. Soudain, les noix se mirent à lui parler.

«Ta vie va s'améliorer. Il y aura de nombreux obstacles avant que tu n'accèdes au véritable bien-être, mais il faut absolument que tu gardes confiance en toi, confiance en tes frères et confiance en la vie. Croque-nous.»

Après le repas, les frères partirent vers la montagne, à la recherche de l'oiseau bleu. Ils ne savaient pas où il était, mais ils comptaient se laisser guider par la nature, qui s'était mise à leur parler.

Au détour d'un chemin, ils firent la rencontre d'un chat sauvage. Il sautait et tournait autour de chacun des frères comme s'il dansait. Il sautait et tournait, tournait et sautait en les fixant d'un regard intense. Ce faisant, il leur montrait le chemin à suivre.

Fascinés par ce chat gris à poils longs et doux qui leur lançait des regards perçants, comme s'il connaissait le remède à leur douleur, les six frères s'engagèrent vers la montagne.

8
Ulysse

Ulysse aimait être dans la nature, respirer l'air de la montagne, se sentir libre dans le souffle du vent. Il adorait fermer les yeux et sentir sa caresse sur son visage. Il pouvait rester longtemps ainsi, les yeux fermés et les narines ouvertes, tandis que l'air emplissait ses poumons.

Lors d'une pause, alors que les frères étaient assis sur des pierres et mangeaient un morceau de pain avec du fromage avant de poursuivre leur ascension, Ulysse entendit le vent lui susurrer à l'oreille :

«Tu es sur le bon chemin. Tu prends conscience de ton corps et de ce qui t'entoure. Bientôt, tu sauras lire dans le sol, l'eau, le ciel, les étoiles. Tu sauras ce qui est important.»

Il ouvrit les yeux. À présent, il s'émerveillait de tout ce qui l'entourait. Il avait envie de l'absorber et de transmettre ce qu'il voyait autour de lui à ses frères, à sa mère.

Il voulait qu'elle sache qu'il l'aimait et qu'elle lui manquait.

Hamza se leva et ils reprirent leur chemin. Ils marchèrent encore longtemps et commencèrent à se sentir fatigués. Ils atteignirent une belle clairière au sol jonché de jolies pierres rondes. Ils s'arrêtèrent à nouveau.

Nedim s'assit et se mit à ramasser des pierres. Pierre après pierre, il dressait une tour dédiée à leur mère, ajoutant à chacune un peu de son amour.

Ils avaient perdu de vue le chat sauvage. La montée était rude et difficile, mais grâce à Hamza, qui guidait la troupe de main de maître, ils parvinrent à gravir la montagne.

Du sommet, la vue était unique. Ils reconnurent leur petite ferme tout en bas, au loin. Ils ne savaient pas pourquoi ils étaient venus ici, mais ils étaient heureux. Le lendemain, il leur faudrait redescendre et regagner leur maison. Entre-temps, ils allaient passer une bonne nuit.

Au petit matin, Sanjin proposa à ses frères de suivre le chemin qui menait à la rivière. Ils furent tous d'accord et partirent aussitôt.

Au bout d'un moment, Sanjin, fatigué, s'assit au bord du chemin et prit une pomme qu'il croqua à pleines dents. La pomme avait un goût exquis, encore meilleur que d'habitude. Son mélange de saveurs semblait vouloir lui transmettre quelque chose de précieux. Il ferma les yeux et, bientôt, les pensées envahirent sa tête, au point qu'il en fut tout étourdi. Il s'allongea dans l'herbe, las mais bien éveillé, se demandant ce qu'il allait pouvoir faire de toutes les belles choses qui lui étaient venues à l'esprit.

Il pensa au cageot du cellier et se dit qu'il pourrait en faire un objet utile.

Il allait demander à Nedim de l'aider, lui qui avait fait cette si belle tour de pierres. Toutes ces idées, ces choses à faire, le rendaient heureux.

Danis sentait la joie de l'aventure grandir en lui. Il aimait être dans la nature et, surtout, il savourait de nouvelles émotions. En réalité, il les avait simplement oubliées. Danis eut envie de jouer, il eut envie de faire des choses qu'il n'avait jamais faites auparavant. Il se dit alors que la vie n'était peut-être pas si effrayante que cela. Une force qui ne cesserait de grandir était née en lui.

Hamza entendit soudain les arbres lui souffler qu'il leur fallait changer de direction et redescendre. Il décida de les écouter. Ils découvrirent au bord de la falaise un ruisseau qui appelait les six frères. Dans un même élan, ils coururent vers lui :

« Danis, Hamza, Nedim, Sanjin, Solon, Ulysse... Suivez-moi... Suivez-moi... Écoutez-moi... Abreuvez-vous de mon eau... Ressourcez-vous en moi... »

Ils s'y baignèrent.

Solon songeait : souviens-toi de la joie et de la façon dont elle protège contre la douleur.

Sur le chemin, Ulysse s'arrêta, ramassa de petites fleurs bleues et posa sa main sur l'arbre qui les abritait. Il sentait la vie pulser sous l'écorce, la sève qui circulait sous elle et, au bout de ses hautes branches, les feuilles respirer. Toujours du bout des doigts, il parcourut les années de vie qui avaient permis à l'arbre de grandir, les saisons qu'il avait connues.

Ils profitaient du temps comme d'un ami qui les guidait au plus profond de leur être.

Ainsi passa une autre journée.

9
Suivez-moi

Un matin, ils éprouvèrent un sentiment nouveau : c'était de la gratitude. Dans sa tête, Solon voyait l'oiseau bleu qu'ils cherchaient et il sentit que le moment de leur rencontre avec lui n'allait plus tarder.

Il entendit une voix murmurer :

« Réunis tes frères. Tous ensemble, prenez soin des cinq lapins lumières. Exprimez-leur une vive et sincère affection en les caressant. Si votre affection est authentique, les lapins vous conduiront dans le lieu où vit l'oiseau bleu, et vous retrouverez votre mère. »

Les frères trouvèrent les cinq lapins lumières, appelés ainsi à cause de leur pelage étincelant de blancheur, et ils s'assirent en les prenant sur leurs genoux. Puis Sanjin dit :

« Lapins, lapins, avez-vous un message pour nous ? »

Bien au chaud dans les bras de Sanjin, le premier lapin répondit :

« Fais face à ta peur. Persiste… Ne te soucie plus du futur. Pense à ton bonheur. Maintenant… Abandonne-toi à la vie… Tu sais qu'il n'y a pas de mauvaise décision. Il n'y a qu'un chemin, celui de la joie. Oui, de la joie et de la liberté. Je t'offre le courage.»

«Je t'offre le don de la compassion », dit le deuxième lapin à Hamza.

« Moi, je t'offre le sens de l'empathie », dit le troisième lapin à Nedim.

« Je t'offre le pouvoir de la douceur », dit le quatrième lapin à Danis.

« Je t'offre un regard sensible », dit le cinquième lapin à Ulysse.

« Je t'offre la mémoire. Et je fais de toi le gardien de notre mémoire collective, afin que les gens n'oublient pas », dit le sixième lapin à Solon.

Leur vie prit une nouvelle dimension une fois que les lapins eurent fait aux garçons tous ces dons. Ces derniers se sentaient différents, comme si tout leur être avait grandi. Les couleurs de la vie paraissaient plus vives, les odeurs plus fortes, et eux-mêmes se découvraient sereins. Les expériences qu'ils vivaient devenaient plus fortes et une joie douce se répandait dans leurs corps, dans leurs cœurs. Ils avaient envie de grimper, de se mesurer physiquement, de s'assurer que la force qu'ils avaient reçue était bien à eux. Ils se sentaient invincibles, régénérés. Ils se sentaient proches du but, comme s'ils pouvaient enfin le toucher.

Nedim vit alors une femme entourée de très beaux chevaux. Ils s'approchèrent d'eux et elle les invita à les chevaucher. Ce fut un moment de bonheur et de simplicité. Le temps s'était arrêté tandis qu'ils trottaient sur leurs montures. Les enfants tournaient, le vent caressait leurs visages, ils voyaient et sentaient la nature qui s'offrait à eux, ils étaient heureux et en harmonie avec le monde.

Ils tournaient, tournaient et tournaient…

C'est alors qu'ils le virent. Parmi d'autres gris et bruns, ils virent enfin l'oiseau bleu. Une telle lumière émanait de lui qu'ils hésitèrent, intimidés, puis ils osèrent enfin s'approcher pour le toucher.

L'oiseau bleu était apeuré. Ils tâchèrent de le rassurer en le caressant de leurs petits doigts, de le mettre en confiance, de lui donner tout l'amour possible, espérant qu'il accepte cette confiance, cet amour.

Chaque enfant partagea le don qu'il possédait avec l'oiseau bleu qui avait tout oublié.

Courage, raison de vivre, mémoire, joie, empathie avec le monde et ceux qui l'habitaient… Grâce à ce partage, l'oiseau parut plus fort, plus courageux, plus joyeux, il se sentait aimé. Prêt à renaître. Il se mit à siffler, d'un sifflement puissant et doux, et se rappela qui il était.

Épilogue

Leur mère réapparut. Jamais plus ils n'eurent envie de lui désobéir.

Ils avaient appris à se connaître à travers les animaux et la nature.

Ils savaient que vivre en symbiose avec eux était un don qu'ils recevaient, avec l'obligation de s'en montrer dignes. Comme un reflet d'eux-mêmes.

Ils avaient appris la gratitude et l'amour des autres qui mènent à la vraie connaissance.

Remerciements

Merci d'abord à Célia De Rudder, qui m'a mise sur ce chemin que l'on a tous à l'intérieur, une destinée. Elle m'a beaucoup aidée à faire naître cette histoire.

Célia, tu es la sage-femme de ce récit.

Puis Claire Dupont, avec qui notre lien a commencé à Sarajevo et se poursuit à Paris, et en France… pour ta gentillesse et ta patience à toujours faire avancer les choses…

Alina Gurdiel mon alliée du livre, c'est notre deuxième ensemble, et grâce à toi il existe.

Merci à Malcom également de t'être posé avec moi pour y apporter aussi un peu de toi.

Olivier, Yoktan, Audelia, d'avoir apporté un peu de votre attention, merci beaucoup de votre relecture.

Merci à Jean-Paul de m'avoir rejointe dans l'aventure de ce livre, et à Marie-Madeleine de nous avoir mis en contact.

À Vincent, et à *l'école des loisirs* d'éditer ce livre.

Merci surtout à mes enfants de m'avoir inspirée, et d'avoir également traversé le fil de cette histoire avec moi.